助けて！ママ友地獄…。

発言小町シリーズ

大手小町編集部編

廣済堂出版

はじめに

「発言小町」は、読売新聞が運営する女性向け掲示板です。ウェブ版「井戸端会議」の場として1999年10月に誕生しました。月間のアクセス数が1億にもなる人気の掲示板に成長し、おかげさまで20周年を迎えることができました。

「発言小町が心の支えでした」「あのとき乗り越えられたのは、発言小町があったから」

こんな嬉しい言葉を聞くことがあります。例えば、子育てと仕事の両立に悪戦苦闘していた女性が、同じような状況の人がほかにもいて、その悩みにたくさんの人が寄り添って応援しているのを読んで、とても励まされたというのです。

相談や話題を投げかける最初の書き込みを「トピ（＝トピック）」、それに対する回答の投稿を「レス（＝レスポンス）」と呼んでいます。これらの投稿は、掲載前に編集部が目を通し、誹謗中傷などをチェックしているので、安心して利用していただけるのが特徴です。

投稿者の年代も幅広く、地域も日本国内のみならず海外からの投稿もあります。恋愛や結婚、子育て、親との関係、仕事や健康など内容はバラエティー豊か。トピとレスのかけあいが面白くて、ついついパソコンやスマホに釘付けになってしまうという人も多いことでしょう。トピに対して「面白い」「涙ぽろり」「エール」などの投票ができる「これポチ投票」という機能で、掲示板に参加することもできます。

1日に平均2000件もの投稿が寄せられ、次の展開が知りたくてワクワクするようなトピもあれば、涙なしには読み進められない感動のトピもあります。そして、取るに足らない話題で盛り上がるのも、発言小町ならではの楽しさです。

発言小町は時代を映す鏡のようなものです。本書のタイトルでもある「助けて！ ママ友地獄」というトピのように、ママ友との付き合いは難しく、子供同士の関係もあいまって悩ましいもの。その悩みに、親身になって助言するレスや、時には厳しく意見するレスも続き、一緒に悩んだり考えたりする場になっています。

掲示板は、投稿する方が作り上げるものです。まだ、発言小町を見たことがないという方、本書をお読みになって興味を持ったら、ぜひのぞいてみてください。そして、あなたの疑問や悩みを投稿してみてください。きっと誰かがレスをしてくれます。これからも発言小町を活用し、楽しんでいただけたら幸いです。

大手小町編集部

目次

＊本書は、「発言小町」のサイト上にアップされた投稿をもとにまとめさせていただきました。「発言小町」上におきましては、引用・転載の可能性をあらかじめ断った上で許諾をいただいております。以上の理由により、投稿者の方々には無償転載・出版をご了承いただきたく存じます。
誤字・脱字・表記統一などにおいて要旨を変えない範囲で編集をした箇所、また構成上、レスなどで割愛させていただいたものもありますこと、あらかじめご容赦願います。

表紙デザイン／伊崎 忍（Studio BP）　本文・デザイン／株式会社ピーエーディー
表紙・本文イラスト・4コマ漫画／宮咲ひろ美　校正／長田あき子

助けて！
ママ友地獄…。

発言小町シリーズ

大手小町編集部編

廣済堂出版

TOPIC 1

ママ友に幼稚園の送迎をやらせたい

ママポヨ

パートを始めようと考えている、幼稚園児のママです。

近所で丁度いいパート募集があったのですが、子供を幼稚園に送ると、仕事の開始時間に間に合いません。

そこで、近所のママ友に、ついでに送ってもらおうと思います。朝の預り保育を使うと稼ぎが減るので、使う予定はありません。

ママ友に**気持ちよくお願いを聞いてもらえる言い方**を教えてください。

ありません

絶句

あまりの言い草にぶっ飛びました。

言葉だけで引き受けてくれる人はいないでしょう。時給を払うからと言えば、もしかしたら引き受けてくれるかも。

でも、あなたのような人のお子さんは、いくら積まれてもお断りですね。

自分の都合のいいように他人様を動かそうなんて思わない方がいいですよ。

偉そうに・・・

ovov

やらせたいって……。

百歩譲っても「やってもらいたい……」でしょ。あなたは、「お願いします」って言う立場。それを「やらせたい」ってなんて、偉そうですよね。なんで頼む人が上から目線で命令口調なのか……謎です。そんな性格の人の頼みなんて聞くわけがないじゃないですか。

図々しい。

人の手を借りないと成立しない仕事などやめなさい。あなたには、合わない条件だってことです。送り迎えをやらせるって……。あなたが頼めるのは旦那さんか親だけです。

お金をケチって友だちにタダで頼む、まっぴらごめんです（笑）。

身勝手で非常識ですよ　らずべりー

ママ友に子供の送迎をやらせる前提での就業なんてありえません。だって月に1回とかじゃなくて、毎日でしょ。本気だったら、あなたに呆れます。

朝の預かり保育を利用しなさいよ。あなたの子供なんでしょう。育児にお金はかけたくないけど、パートは始めたいなんて言語道断。

大体ママ友が断ったら、どうするつもり？　ついでに送迎って……、人の子供の面倒まで見られないし、見たくないでしょ。あなただったら、タダでそんなことはしないでしょ？　預かり保育代もケチるんだから、当然謝礼なんて考えていないだろうし。

図々しいことはやめなさい。みっともないですよ。

大丈夫?　v-funf

トピ主さん、**思考回路がショート**してるのでは?

実の子供や孫の送り迎えだってしんどい時があるのに、他人の子供を無料で送迎するわけないでしょ。

どんな言い方をしても無駄。

自分は1円だって無駄にお金は支払いたくないくせに、他人には無償で奉仕しろ！　と強要できる神経が理解できない。

適正時給を払う　桜貝

朝の送迎は忙しいですからねぇ……少し弾んで、〇〇〇円、遅れて延長になったら10分単位で〇〇円追加するからお願いします。お小遣い稼ぎにやってみない？
お願いします。

……かな？

自己中の極み　正気ですか？

ご自身が稼ぐために、他人を犠牲にする気ですか？　いくら幼稚園が一緒だとはいえ、あまりに図々しすぎます。

万一、通園途中になにか事故でも起きてしまったら、その方を責めたりされるのではありませんか？

自分のお子さんの送迎くらい自分でしてください。気持ちよく頼むというより、お願いした時点で疎遠にされますよ。他人のお子さんをお預かりするのは、同時に責任も発生するんです。

送迎時間に差し支えのない仕事を探してください！

呆れます。

頑張ってください！　今日はお休み

お子さんが小さいのに働かなくちゃいけないなんて大変ね、お子さん可哀相。私は今は在宅だけど、子供が小学校に入ったら復職するの。子供が小さいうちはそばにいてあげたいものね。

預かり保育もできないくらい生活厳しいの？　だったらフルで働かなきゃ。選ばなければ仕事はあるよ。まずは職安だね。頑張って。

……という感じで、図々しい園ママを撃退した過去を思い出しました。当時も疑問だったのですが、余裕がないのに何故幼稚園を選んだのですか？　収入に合った生活をしなくては。お金がないなら働く、当然のことです。

どれくらい生活が厳しいのかわかりませんが、今からそんな状態ではお子さんが可哀相です。まだお若い方なのだと思いますが今が頑張りどきです。

今ならそれなりに良い条件の仕事もあるかもしれません。**まずは職安へ行きましょう。**頑張ってください。

簡単です。

トール

そのママ友に尊敬されること、です。世の中には「この人のためなら何でもしてあげたい」と思う人たちがいます。トピ主さんがくだんのママ友から、そう思われるようになること。これが一番簡単です。

信頼は一日にしてならず。尊敬も一日にしてならず。


すでに尊敬されていると思うなら、言ってみましょう。

「パートを始めようと思うのだけど、子供の送迎ができないの」

「朝の預かり保育を使うと稼ぎが減るから、使う予定はないのよね」

「誰か無償でお願いできる人はいないかしら」

ただし、一方的に人を利用しようとする人が、尊敬されることは稀《まれ》だと思います。

まずは、相手のために何かをしてあげてはいかがでしょうか。

こんなのはいかがですか　考えてみた

「主人が莫大な借金を背負って、私も働かなくてはいけなくなったの。でも私、何もできないからパートでしか採用されなくて、幼稚園の送迎とかぶってしまって……。子供を保育園に転園させるのもしのびなくて。本当に申し訳ないんだけど、我が家を助けると思って卒園するまでの間、送迎をお願いできないかしら」

もちろん、途中で涙ぐんでください。パート代が入っても親子共々おしゃれや外食は不可です。旅行も論外。どこで誰が見ているかわかりません。

当然、同じ幼稚園のママからはあることないこと言われて、好奇と憐憫《れんびん》の目で見られますが、それも我慢で。お願いしたママ友から、すべてにおいて上から目線の対応をされても我慢。

そのくらいの覚悟があれば言ってみたらいかがでしょう。

トピ主です

ママポヨ（トピ主）

「やらせたい」という表現が悪かったのでしょうか。

実際に頼む時は、当然、下手に出ますよ。

朝、預けるのは10分前ですよ。ママ友の家から幼稚園までは5分。わずか10分のために預り保育代を払うなんて馬鹿馬鹿しいとは思いませんか？

唯一の願いは

タピオカさん

あなたが、小町での反応を見て、これが世間一般のリアクションだとギリギリで気づき、その思いつきを実行しないことを切に願います。

まあ、無理そうですね。

捕らぬ狸の皮算用　らまんぼう

大丈夫ですよ。貴女のそのひん曲がった性格じゃあ、採用されるわけがありませんから送迎の心配なんていりません。

どうしてそんなに上から目線で図々しいのか。そんなんでママ友なんているの？

そもそも幼稚園がNGでは？　も

保護者以外が毎日送迎するのを許可する幼稚園や保育園てあるんですか？　送り迎えするだけでなく、幼稚園の先生から連絡事項があったりしませんか。幼稚園児の送迎は、保護者と幼稚園の先生が毎日顔を合わせて申し送りしあった上で子供を受け渡す前提では？

幼稚園は義務教育ではないですから、幼稚園が拒否したらそれで終わりですが。

送迎時間が早くなる、ほかの幼稚園や保育園に転園しては。

はぁ

桃

トピ主さんのレス読みました。

普段はそのママ友を見下してるけど、頼む時は「一応、下手に出てあげる」って感じなんですかね。

何て言うか、もうね、トピ主さんの心のままに普段通りの言葉で話せばいいんじゃないですか？　頼む時だけ取り繕ったってすぐにボロが出ますから。案外それでも引き受けてもらえるかもしれませんよ。頼まれたら断れない人、お人好しな人だったらね。

断られた場合を想定して、他のターゲットも探しておいたら？

もっと一言

あっきれたー。
他人におんぶにだっこで働く気？
リリス

やらせたいとは何？
とんぼ

人に頼まないとパートできないなんて働く以前の問題です！
ぽんた

あなたが逆の立場だとして、何て言われたら引き受けますか？
リリー

ありえません。
嫌に決まっているでしょ？！
匿名希望

他人に送迎を頼むのなら、お金を払って雇ってくださいね。
マッチ

そんな魔法の言葉はありませんし、私が頼まれても断ります。
たろすけ

TOPIC 2

助けて！　ママ友地獄…。

cocoa

Aは、同じ年長の娘を持つ仲良しのママ友でした。

でも、娘同士の性格は正反対。うちの娘は元気で、Aの娘は大人しくのんびり。溺愛されて超わがまま、指がぶつかっただけでも、気を引くために泣き叫びます。あきらかに痛くない時でも大げさに泣き、うちの娘があやまるまで場が収まりません。そんな時は、Aも「娘にあやまって」と言います。

ある日、お互いの娘と他の友だちが、公園で遊んでいた時のことです。Aの娘が仲間外れにされ、泣きながら帰宅したそうです。Aは「娘にあやまって！」と言ってきました。でも、うちの娘は、「Aの娘がわがままを言い出し、勝手に泣いて帰宅した。自分は悪くないからあやまりたくない！」と言います。

娘の言い分をAに話たところ、Aは「もういい！」と激怒。数日後、絶縁宣言されました。

ここからが地獄です。

Aは共通のママ友たちに、私だけが極悪人のように言いふらしたのです。私は、いきなりママ友たちから距離を置かれればじめました。仲良しだったママ友たちが、笑顔もなく「こんにちは」だけ言うと、そそくさ立ち去ります。Aは私にも他人の悪口をよく話していたので、同じように言われたんだと思いました。

ショックでした。私を「そんな人じゃない」と思ってくれる人はいなかったんだ……。私はAの悪口を誰にも言わなかったのに、バカみたいだと落胆しました。

距離を置かれたママ友たちに、「何を聞いたの？　誤解だよ！」と言いたい。でも、夫からは「ママ友たちの話のネタにされ、状況が悪化するだけだよ」と止められました。

ママ友たちを失ったのが苦しいです。会ってもにらむように挨拶をされるので、スーパーにも行きたくないです。
私は、どうしたらいいのでしょうか？

年長でよかった　ヘムレン

小学校にあがれば世界が広がりますよ。っていうか、他の人の悪口をいうような人とわかっていながら、適度な距離を持てなかった時点で失敗でしたね。たぶん、まわりの取り巻きさんも推《お》して知るべし。もう少し人を見る目を養って、小学校ではリスタートを切ってください。素敵なお母さんは、ちゃんといると思いますよ。

気落ちしている所…。　無理

申し訳ないのですが、トピ主さんも50歩100歩かな……。

Aさんが他のママたちの悪口を言ってたのに「自分は大丈夫」って思っていたのですよね？　そして、トピ主さんもAさんの悪口に疑問を持たなかったのでは？　他のママ友たちも失ったと嘆いていますけど、関係がよくわかってむしろ良かったのではないですか？

もっと強くなってください。

彼女らの言動でトピ主さんがクヨクヨするの、馬鹿馬鹿しくありませんか？

相手はトピ主さんの人生に影響を与えられるほど大物でもないんだから、胸を張って頑張れ！　相手はトピ主さんがおどおどグズグズするのを面白がっているんですよ。そんな奴ら、つき合って何のプラスになるのです？

頑張って！　負けるな～！

ママ友なんて期間限定

とくめい子

私にも、子供が赤ちゃんの頃からのママ友がいました。

割と仲良くしていて、幼稚園も一緒、幼稚園の役員をするときも一緒、ママ友ランチやお出かけも一緒。

そんな関係が壊れたのは、子供たちが成長してから。それぞれに友達ができ、どっちが悪いわけでもない、ちょっとした子供同士の不仲を一方的に責められ始め、私から距離を置きました。

距離を置いたとたん、同じグループのママたちにいろいろと吹き込んだらしく、グループから外されました。でもね、子供も中学生になり、私も仕事をし始めたら、**ママ友なんてどうでもよくなった。**

ママ友なんて、○○ちゃんのママから卒業すると終わる関係ですよ。

私は仕事を再開して、「○○ちゃんのママ」という子供が間に入らないと成立しない友達ではなく、私とのつながりで成立する友達ができて楽しんでいます。

トピ主さん、がんばって。

実にくだらない　リリィ

世界狭いですね。子供ですか？

子供のイジメなら大変な問題ですが、トピ主さんは大人なんだから、つき合う相手は自分で選べるでしょ？

一方の話だけを信じて無視するような人、元々友達なわけないでしょう。ただの知人です。

向こうが嫌うなら、トピ主も嫌いでいいですよ。でも、挨拶は笑顔でしましょうね。無視されるのは恥じゃないけど、無視するのは社会人としては恥ずかしいことですから。

本当に相手の母子に問題があるなら、そのうち、他のトラブル起こします。

早めに抜けられて良かったじゃないですか。

言わせておけ

にゃこ

ママ友なんて、しょせんママ友です。別にいなくたって生きていけます。むしろAさんとの関係を断ち切れたのだから、良かったですよ。

トピ主さんが、Aさんの悪口を言わず、にこやかに挨拶してれば、周りが変わってくると思います。

本当におかしいのはどちらか、気づいて声をかけてきてくれる人だけとつき合えばいいと思います。

あなたにも原因がある

まず、年長の子供だけで公園で遊ばせたのがおかしい。そもそもの原因はここですよね。

次に、他のママ友と信頼関係を作れてなかったこと。大げさに泣いて何度も我が子を一方的に悪者にされていたのに、そのまま放置していたのが理解できない。私なら他の友達を作るように手を打ちます。

Aさんは親しくする相手として、最初から不適当ですよね。だって人の悪口が多いんでしょ。悪口をよく言う人と親しくする危険性は最初からわかってただろうに。結局、そういう人とつるんで仲良くやってたから、他の人と距離ができてたのでしょう。

もうママ友づき合いは卒業してしばらく1人でいた方がいいですよ。お子さんには習い事などさせて、違う環境を与えましょう。

縁が切れてよかった　素子

向こうから縁を切ってくれてよかった。娘さんにとってもよかったと思います。噂で態度を変えるような人たちとつき合っていたら、遅かれ早かれ同じことが起きたと思います。それに、**ママ友関係は子供が大きくなれば薄れていきます。**

スーパーはしばらく利用せず、ネットスーパーや生協を活用してはどうですか。ご主人が話を聞いてくれるようなので、休みの時は家族ドライブを兼ねて買い物に遠出してはいかがでしょう。

今の状況をできるだけ快適にする工夫の余地がまだあると思います。

頑張って！　応援してます。

仲間外れの事実は謝罪する　40代主婦

ヨソヨソしくなったママ友さんたちですが、もともと関係性がよかったらAが何を言おうと変わらないはずです。しかし、トピ主娘さんの元気の良さを「危なっかしい」と思っていたところに、Aさんから「イジメられた」と聞けば警戒されてもおかしくないのでは。

子供同士のことについて、真相はわかりません。子供は平気で嘘をつきますし、声が大きい子が勝つ世界でもあります。トピ主さんの娘さんは元気がいいとのことなので、意見が通りやすかったのでは。

母親というものは自分の子供かわいさに視点が曇ることがあります。それは、トピ主さんもAさんも同じです。

私がトピ主さんなら、まずは相手の言い分を確認します。そして、ワガママを言われて自分の娘が困惑したことは伝えつつも「仲間外れにしたこと」は謝罪します。ワガママを言ったからといって、仲間外れにしていい理由にはなりませんので。

それから、「ワガママ言われると困る」ことを、波風たてずにA娘にわかってもらう方法を考えなければいけません。

つまり、**「ワガママ言う」と「仲間外れ」は別の問題として切り離す**のです。

今はご主人の仰るとおりに「誤解だ」と騒がずに、Aさんに仲間外れの事実だけは謝罪するか、沈黙を守り、騒ぎが収まるのを待ってはいかがでしょうか。

とはいえ、Aさんは問題の多い人のようですから、問題が解決しても距離はしっかりとっていきたいですけどね。

大変でしたね。

こまざ

「どうしたの？　私が何かした？」って聞いてみたら？

それで、誰も何も言わなかったら、そのまま。いつも通り、笑顔で挨拶だけでいいと思う。

トピ主さんが普通に接していれば、誰かが、何かあった話をし始めると思うから、その時に弁解したらいい。

そして、直接Aに話をもっていく。公衆の面前で言うのが効果的。

「そもそも、Aさんのお子さんがワガママを言って勝手に帰ったと聞いています。その場にいなかったくせに、うちの娘が一方的に悪いと決めつけて、満足に話も聞いてくれませんでしたよね？　これ以上、悪口を触れ回ったら、そろそろ訴えますよ」くらい言ってもいいのでは？

今まで通り。　ケロ

誤解を解こうと他のお母さんたちにいろいろ話すのは最悪です。余計に事態を悪化させます。

Aさんはきっと「ほらね。自分の子供がいじめたのに絶対に謝らないし、私の悪口を言いふらすひどい人なのよ」と言うでしょう。そして周りも信じます。つらいでしょうが、今まで通り。何事もなかったように明るくふるまって、挨拶だけはしっかりしましょう。

絶対に絶対にわかってくれる人はいます。そのうち、Aさんの化けの皮はがれます。なぜなら、Aさんのような人は同じことを繰り返すからです。

私の時がそうでした。

私も幼稚園のママ友さんに、あることないこと言いふらされてママ友がいなくなりました。でも、今まであまりしゃべったことないママさんが心配してくれて、行事で無視されている私に話しかけてくれたり、連絡事項を教えてくれたり、とても気を使ってくださいました。

気にしないようにしようと思って、今まで通りにしていたら、やがて普通に接してくれる人が増えてきて悪口なんてまったく気にならなくなりました。

逆に私の悪口を言いふらした人は、同じことを繰り返して、自分が孤立しましたよ。

つらいでしょうが、がんばってください。


トピ主です。補足です！

cocoa（トピ主）

補足として、皆さんの疑問に思われた事や多く見られた質問を書かせていただきます。同じ思いをしている、他のママさんの参考になれば幸いです。

「公園で年長だけで？」

マンションの敷地内に住民しか入れない公園があり、皆さん、年中くらいから子供だけで1時間くらい遊ばせるんです。何かあれば、インターフォン鳴らしてねという感じです。

「娘は、元気じゃなくて乱暴なのでは？」
「Aの娘への言い方ひどくない？」

これは、家庭によると思いますが、私は娘に強く育って欲しいので、転んでも「大丈夫？」じゃなく「大丈夫だよ！　立って」と言います。だからこそ、私の娘も、Aの娘さんがすぐ泣くのを嫌悪していたのかもしれません。娘を乱暴とは思いませんが、ぶつかっても遊びに夢中で「ごめんねー！」と走り去るような所あります。人によっては、乱暴に映る時もあると思います。

「あなたもAと仲良しの時、悪口を一緒に言っていたのでは？」

恥ずかしながらその通りです。同調まではいきませんが、そーなんだーって感じで聞いていました。本当に反省してます。

「あなたにも問題があったのでは？」

今になり、そう考えるようになりました。これまで、きちんと接してきたつもりですが、知らず知らずのうちに相手に疑問を持たれる行動をとっていたのかもしれません。より一層、相手の立場に立ち、物事を考えないといけませんね。

もっと一言

わかる人はわかる。
見てる人は見てる。
タマ

トピ主さんがママ友との関係から離れて、新しい世界に行く時期なのかもしれませんよ。

クリチ

大丈夫です！
必ずAさんの周りの方もAの本性に気づきます！
はな

小学校に入ればママ友との関係性も変わります。 **匿名で**

そんなちっさい人間とおなじレベルに落ちてはダメだよー。
がんばれ

ご自分のママ友の心配ばかりしていますが娘さんの友達関係は大丈夫なのですか？
beru

ママ“友”なんて、いりますか？
まりこ

トピ主です。その後の経過と私の気持ち　cocoa（トピ主）

皆様、まずは本当に沢山のレスをいただきありがとうございました。

励ましてくださった方、厳しい指摘をくださった方、どれも心に響き、良い勉強になりました。

まず経過としましては、Aともめたのは今年の初めで、他のママ友に避けられ始めたのは3月くらい。それから小学校入学があり、現在に至ります。

関係を整理すると……。

Aと私には、B、C、D、Eという共通のママ友がいます。BCは、避けられている感じはありますが、普通に挨拶と世間話をしてくれました。

というのは、BCの娘さんとうちの娘は、仲良し3人組の親友同士なんです。

そのせいか、BもCも避け続けるのは……と思ってくれたかもしれません。

一方、DとEは、まだあきらかに怖い挨拶……。でもDとEのお子さんは男の子なので、子供同士の接点はありません。

つまり、うちの娘の友人関係は今のところ大丈夫なようです。ちなみにAの娘さんは大人しくて、前から孤立気味ではありました。これも、Aは気に入らなかったのでしょう。

来月から、Aの娘さんは学童に入るそうです。

私の気持ちは、まず娘に実害がなくてよかったこと。それから、私の落ち度について反省です。信用してもらえなかった私自身の問題を見つめなおし、誠実に生きたいと思います。**ママ友たちとは、挨拶だけをして鎮静化を待ちます。**その間に、新しくできた小学校のママ友や、Aと関わりのないママ友と、信頼が築ける日がきたらいいなと思います。

でも、深入りして痛い目を見るのはこりごりなのでほどほどにします。

皆さん、本当に沢山ありがとうございました！

わたし
それで遊ぶのイヤ！
ねえってば
うっ…
わたし
帰るー
やーん！
アハハハー
Aさん
うちの娘が公園で
仲間ハズレにされたって
いうの
謝ってちょうだい！
わたし
悪くないもん
すみません…
そういうこと
なので…
はあ!?
もういいわ！
数日後
おはよーご…
オハヨーゴザイマース
みなさん
聞いて！
あの人
最悪よ！
Aさんが
みんなに！

TOPIC 3

大人げない！　ママ友対応！わかっちゃいるけど、やめられない！

わわる

小学4年女児のママです。子供の習い事での話です。

子供が年長の時に、その習い事で仲良くしていたAさんというママ友とケンカになり、お互い挨拶もしなくなりました。それは、いーんです。考え方なんてそれぞれですから。しかし、Aさんは習い事のママ友たちにあることないこと言いふらし、私がすっかり悪者扱いで、数人の共通ママ友からも無視されました。この習い事は、親同伴なので顔を合わせますが挨拶もなし。

私はAさんと共通のママ友はあきらめ、5年後、新しく習い事に入ってきたママ友がたくさんできました。一方、Aさん親子は中学受験するため、最近、習い事をやめました。

ここで、新たな動きがありました。

私を無視していたAさんのママ友たちが、ガンガン私に話しかけてくるようになったのです。しかも、私が他のママたちと話している時に限って。もう、Aさんもいないし、私たちも仲間にいれてね！　と言わんばかりの笑顔で。

さてタイトルに戻ります。

そう、私は、**オトナゲないんです**。本当は、私を無視したママ友たちともやんわりおつき合いするのが、賢い大人なのでしょう。しかし、**「散々無視しまくったくせに、話しかけてくんじゃねーよ！」**と言う気持ちが強過ぎて、「こんにちは」だけ言って立ち去ります。

無視されて嫌だったんだから、同じことを人にしてはいけません。わかってまーーす。

でも、できない。私、子供ですよね。せめて謝罪の一言でもあれば、ね。

皆さん、私の行動にご意見、アドバイスなど聞かせてください。

え!? ダメなの? そんなもんじゃない♪　鯉キング

散々無視して、噂の真相を確かめにも来なかった人たちでしょ? それくらい覚悟してやってくれないとね~。

挨拶してるんならOKだと思う。そのうち、向こうも諦めるんじゃありませんか?

しかし、会話を邪魔されるのは困りますね~。「今、〇〇さんと喋ってるからゴメンね」と黙らせれば、どうでしょう?

私は、**もっと、やっちゃえ!** 派です。

笑っちゃった

雪玉

わかります……、私も大人げないです。「自分が誰かといると、挨拶を返さず無視」という人はインプットしていますし。

ただ、トピ主さんと違うのは、共通のママ友と離れて、新たなママ友を作ったことです。

私は「じゃあ、ぼっちでいいもーん」ってなります。そして、やられたことはいつまでも覚えています（笑）。性質《たち》が悪い。

多分、態度を変えたママ友たちには、悪気というか、ちゃっかりした気持ちはあんまりないんじゃないかと思うんです。

人って自分がした酷いこと（とも思ってない可能性があります）は、結構忘れるものですよね。自分の心を守る自己防衛反応というか。Aさんいなくなったし、これからはトピ主さんとも話せるね、くらいの感覚かもしれません。

だからこそ、「私は嫌な気持ちになりました。忘れてません。思い出してね」と、大人げなく意思表示する人が、この世にいてもいいと思います！（笑）。

気になるんでしょう

るるん

トピ主さんが何を言ってるのか気になるんじゃ？

自分たちのことを言われると困るから監視したいんでしょうね。一番やっかいなヒトたちかも。

挨拶だけして、さっさと去るのが一番です。

つき合いたくない。

てりやき

このトピを読んだだけでも、トピ主さんとはつき合いたくないと思います。仲良くなっても、「トラブルなしでは終わらない人」という感じで、身近にいれば関わりたくないタイプです。

「それは、いーんです」

「わかってまーーす」

これもね……。

周囲のママさんたちの行動が本当なら、その人たちも似たようなもので、子供の習い事の親が、ケンカや無視でいざこざ起こすなんて大人と思えない。**同類の人たちでくっついたり離れたりしてる**という印象しか持てません。

普通人はレベルの違い過ぎる人とはつき合えないので、今はトピ主さんに合った人が残っているのでしょう。

そのままでいいんじゃないですか？

今だったら、Aさんのいろいろ情報が聞ける　絹子

はっきり言って、一番人間的に変なのは、Aさんですよね。

Aさんの取り巻きだった人は、わわるさんの方がいいと思って、今さらですが、すり寄ってきたんでしょうね。

もしかしたら、Aさんに対して恨《うら》み辛《つら》みの気持ちを持っていて、面白い情報を教えてくれるかも。いろいろ割り切って、**情報集めの仲間は多いに越したことないですよ**。

情熱の赴くままに・・・　奇跡の炎

トピに「せめて謝罪の一言でもあれば」とありますが、私ならこちらも礼儀を果たしてから無視なり会話なりしますね。

「ごめんなさいね、Aさんに従って私を無視してたのが引っかかってるの」って、みんなの前で言います。こっちもきちんと理由を言ってあげないとね。

まあでも……トピ主さん、アツイよね……。

だって、Aさんとケンカして、挨拶をしなくなったのが、そもそもの原因。私にはこれがない。そうならないように、保護者同士、いや、大人同士のおつき合いしてますもの。

「大人なんだから喧嘩するな」「丸く収めろ」って大嫌いです。　すいっちぽん

人間対人間なんだから、喧嘩《けんか》することだってありますよね。表面上だけ取り繕って「私は大人だから」と主張する人間の方が、人として不誠実だし、ずっと信用

なりません。

あと、**首謀者よりも取り巻きの方が、タチが悪い**上に人間として低次元で醜いと思います。彼女（彼）らは、常に「私は首謀者じゃないし～」「追従しているだけだし～」「その場を丸く収めたいだけだし～」と自分に都合よく言い訳し、自分のしたことに責任をとりません。

常に強い側につく。風向きが変われば媚《こ》びる相手をすぐに変える。人としての尊厳を持たない生き物なんです。いじめに加担するのもこういう手合いでしょう。

というわけで、自分たちのボスがいなくなってから、ヘラヘラとトピ主さんにすり寄ってくるような人間たち、無視したっていいくらいです。

トピ主さんは、ちゃんと挨拶はするわけで、偉いですよ。反省なんてしなくていいです。誰とつき合いたいか誰とつき合いたくないかを決めるのは、ご自分自身の権利です。学校じゃあるまいし、「水に流してみんな仲良く」なんて、胡散臭いキレイ事はしなくて大丈夫。

堂々とご自分らしく過ごしてください。

全然OK!　**ぽよこ**

あたり障りなく仲良くするのも大人だと思いますが、嫌な人と無理してつき合わず、距離をとるのも大人だと思います。

今まで散々いやな思いをさせられたのに、今さらねぇ……。

「こんにちは」を言うだけ偉い!!

私
ママ友Aさん
喧嘩で関係決裂
そのせいで他のママ友も私を無視
ツーン
まっいーけど
そして5年後
アハハー
うんうん
だよねー
わわるさーん！
久しぶりー
Aさんとは最近おつき合いないのよ
しれっと
何の話してたの？楽しそうねぇ
え？？私にしたこと覚えてないの？
その後も
わわるさぁーん
ごきげんよう～
そそくさー
目が死んでる
私って大人げない？

TOPIC 4

愚痴　ポツンママさんからのクレーム

まりあ

ポツンママさんという言い方は宜《よろ》しくないのは重々承知していますが、便宜上使わせていただきます。

今年から娘が地域の幼稚園に入園しました。赤ちゃんの頃からの支援センターや市のイベントなどでお友達だったり、顔見知りだった方もたくさんいて、娘共々、私もママさんたちと程よいおつき合いをさせていただいていました。

先週の懇親会で、先生からママさん同士のおつき合いについて、やんわりお話がありました。グループで固まらず、輪に入れないママさんにも配慮するように、とのことでした。どうやら、Aさんという方が数回に渡り、先生にママ友のつき合いについて相談をしていたそうです（現場を見た方が何人かいました）。

私もAさんとお話ししたことがありますが、自分から挨拶はしない、話題も振らない、人数が増えてくるとスッと抜けてしまうので、あまりおつき合いをしたくないのだろうと思っていました。

何だかな、と思っていたところ、後日、Bさんという方も同じことを言い出しました。役員のママさんに涙ながらに訴えたようで……。この方も、自分から挨拶はせず、話の輪の少し後ろでこちらを見ながら立っている感じで、誰かが水を向けても輪には入らず、ただニコニコ微笑むだけです。

お二人が悩んでいたということに非常にびっくりしましたし、こちらとしてはハブったわけでもなく、むしろ「おいでよー」という雰囲気で接していたのに、何故こんなことになったのでしょうか。そもそも、グループという認識はなく、その場にいる顔見知りが自然と話している感じです。挨拶もしないし、タイミングを自分で逃しているのに、仲間に入りたい、入れないと嘆くのは何故なんでしょうか。

人脈作りという言葉があるように、産後ちまちまと努力して来た結果が、スムーズな入園に繋《つな》がったのに、**何もしてこなかった人に、その努力に文句を言われたようでモヤモヤしました。**

そのママたちの気持ちわかります

子持ち

あなたはママ友に囲まれ、毎日楽しいでしょうね。それは、自分の努力の結果だと言うんですね。

私は県外から引っ越してきて、知り合いもいないまま、母親になりました。子供は保育園です。フルタイムなのでお迎えも遅く、残っている子供も少ないです。4時くらいのお迎えだったら、他のお母さんとお話もできるでしょうが……。そんなふうに月日が過ぎ、他の保護者と話す機会もないです。

今年、保育園の役員になりましたが、年長のお母さんたちは2人目の方も多く、もう顔見知りで固まっていらっしゃいます。正直、中には入りにくいです。

子供が6か月から預けているので、支援センターなど行ったこともありません。他のお母さんたちが固まって話をしているのを見ても、図々しく入るわけにもいかないです。

努力不足ですか？

クレームはないかな　くじらぐも

近所の人が多い幼稚園だと、赤ちゃんの頃から人脈作りっていうの？　そういうのして知り合い作って固まる人が多い気がします。

私はママ友を作る努力をまったくやらないので、トピ主さんがいうところの、ポツンママです。にこやかに挨拶はするけど、もう出来上がってるグループは居心地悪いですよ。みんなタメ口で名前で呼びあってるところに、「はじめまして～」って敬語で入っても馴染めるわけないし。私は上の子の時はそういう幼稚園だったので、当たり障りなく笑顔でやり過ごしてました。

そんなに無理して仲良くする必要ないと思ってたので、先生や役員の方に泣きつくほどのことなのかもよくわかりません。そもそも、そんなに幼稚園に行って、お母さん同士でおしゃべりする機会があるんでしょうか。

上の子の幼稚園は、確かに親が幼稚園に行く機会は多かったけど、何か見に行くとか、何か手伝いに行くとか、目的があったので1人でも気にならなかったです。

トピ主さんもきっと1人が怖くて必死で知り合いを作ってきた方なのでしょう

から、根本は新しい人を受け入れるのに抵抗があるのでしょう。無理して、ポツンママに話しかけなくていいんじゃないですか？　なんか余計に相手に余所者感を与えそうだし、名指しでクレームつけられても嫌でしょ？

その努力ってやつなんだけど　まつりか

そりゃもちろん、一人でいるのが辛いからと、幼稚園にクレーム（相談だと思うが）を言うのはどうかと思います。私もポツンですが、言ったことはありません。ですが、「人脈作りという言葉があるように、産後ちまちまと努力してきた」は、できる人とできない人がいるのですよね。私は、できない人でした。ちなみに「努力」云々《うんぬん》はまったく関係なく、生まれ持った性格の問題です。

挨拶や世間話をしようにも、固まっている**群れママ**（便宜上使わせていただきます）は、ちらりと笑顔でこちらを向いても、すぐにグループに戻って、結局は仲良くなれません。

まりあさんの言うポツンママさんがどのような方か、まりあさんの言うグループがどんな感じで「ポツンママさんカモン！」という状態なのかわかりません。でも、私が知る限り、**群れママはポツンママを見下しているか、無視しているか、どちらかです。**

ただ、ポツンの一人である私としては、グループに入れてもらいたいとは思いません。相性が良くなくて仲間になれないわけですから、一緒にいたところで、決して居心地が良いものではないだろうと推測されるからです。

「子供のお母さん」として、子供が同じクラスの保護者の方や、顔見知りの方には笑顔で会釈し、一言挨拶をする。これが徹底できたら、一番いいんじゃないでしょうかね。

それこそ、子供じゃないんだから、群れもポツンも大人としての立ち居ふるまいをしましょうよ。

そういう人いるんだね。　**ひまわり**

トピ主さんは悪くないと思います。そのAさん、Bさんは被害者意識満載ですね。一緒にいて楽しくない人と仲良くなるのは無理ですよ。幼稚園児じゃないんだから、幼稚園側ももうちょっと考えて欲しいです。もしかしたら、AさんとBさんがみんなに言って欲しいと言ったわけではないかもしれません。相談が頻繁すぎて、幼稚園側が勝手な配慮をしたのかも。違う形でちゃんとアドバイスしてあげればいいのに。

わざとハブにしているわけでなければ、そのままでいいのではないでしょうか。でも、子供同士が仲良くなったら、子供は輪に入れてあげてくださいね。

参考になるトピ。　**悠子**

トピ主さん、災難でしたね。かくいう私も、子供たちはもうとっくに小中学生ですが、トピ主さんと同じように幼稚園のママさんたちとは気持ちの良いおつき合いをしてきました。

老婆心ながら、私の経験をお話しすると、私たちの頃もそういう人はいましたよ。というか、学校でも職場でもサークルでも、何処にでも一定数いるんですよ。自分は一切努力せず、周りに配慮を求める人。ママ友に限った話ではないです。

おかしな主張をしてる方、はっきり言って女子力というか、いろいろな経験値の低そうな方ではないですか？　女性であれば身につけている処世術が、身についていない。

トピ主さんの書いている内容からは、少なくとも私は**トピ主がAさん、Bさんを見下してる雰囲気は一切感じませんでした**。それはきっと、私もトピ主さん側のママだったからでしょう。

自称ポツンさんたちは、トピ主さんのことを「見下してる」とか「群れママ」と言っていますが、正直、呆れます。子供を待つ間、皆1列になって、だまーって待ってないといけないの？　2人ずつ話すのは良くて、4人以上、5人以上は群れママ？

うーん、ちょっと良くわからないです。

それに、便宜上と断ってるのに、「ポツンママ」について噛みつくのは、プライドが傷ついたからなんでしょうね。ポツンさんたち、ちょっと卑屈すぎ。

こういう人たちは気にせず、トピ主さんは楽しんでくださいね。世に聞く面倒なママ友づきあいって、実はそんなにないですよ！

トピ主です。　　まりあ（トピ主）

すべてのレスを何度も読み返しています。本当にいろいろなご意見をいただいている中で、やはり「ポツンママさん」という言い方は良くなかったですね。申し訳ありませんでした。

文字数が限られた中で、どのように表現したら良いかわからず、このような言葉を使ってしまいました。この言葉を使ったことによって、私がAさんやBさんを見下している、というご指摘がありました。そこで、改めて考えてみましたが、見下すとかバカにするとかいう以前に、そこまでの感情がなかったというのが本音です。

「一人だけ離れて立ってるのって、話に入りにくいからかな」「いや、もしかしたらママ友とか煩わしいのかな」「でも何となく気になるから声はかけよう」。そんな風にその場では思いましたが、前述のような対応をされて、その後はすっかり忘れてしまっていました。

　誰かしらが声をかけていたので、皆さんそんなふうに感じていたのだと思います。先生からお話があって、はじめて意識したというか……。

「実は、Aさんが先生に相談してるの見ちゃったんだよね」と数名のママさんが言い出して、初めて話題になった形です。陰でAさん、Bさんや、他のあまりおつき合いをしない保護者の方をバカにしたことはまったくなかったです。

　考えの方の違う人と憶測で話すより、行事や習い事、家事育児や週末の過ごし方について情報交換する方が余程有意義ですし。ちなみに、こちらの園には保護者のお迎え待ちのスペースがありますので、公共の道路や私道で立ち話をしているわけではありません。

トピ主です。2

まりあ（トピ主）

「群れママ」と書かれていて、ちょっと驚きました。でも、お一人の方から見たら群れている、と見られているんですね。そこにいる顔見知りと話していて、特定のメンバーではないと認識していましたが、それが群れるということなんでしょうか。同じクラスや、プレで一緒だった方が話をしていたら、そこに加わらず離れて黙って立っているのも不自然なような気がするんですが、いかがですか？

今後、そこから気が合う人同士でグループになるのかもしれませんが、少なくとも私は現状はグループで固まっているとは思いません。

逆に、お一人の方は、誰かに話しかけられて、そこに1人2人と増えていった時に「あ、私今群れてるな、やだな」と思うんでしょうか？

すみません、単純に疑問なんです。何人かで話したり何かしたりしている人を見て、群れてるなと思ったことが無いもので……。

また、**入園ハイ**はあるかも知れません。幼稚園児を抱えて、旧友とのおつき合いが大変になってきて（都会まで出なければいけない、いろいろな境遇で話題が難しい)、近居でざっくりと話が出来、程よい距離感でおつき合いできるママ友関係が非常に心地よく思っているので。もちろん、今後トラブルがあるかもしれませんが。

わかると言ってくださる方も一定数いらっしゃって、安心しました。わかる派の方の意見もぜひ参考にさせていただきたいので、ご経験等ありましたらご意見宜しくお願い致します。

面倒臭い&レベルが低い人たち

面倒な集団

AさんもBさんもおかしい。

「あの人たちが意地悪するの、仲間に入れてくれな～い」って小さい子供が大人に告げ口してるみたい。

トピ主さんもなんだかなあ。「人脈作りという言葉があるように、産後ちまちまと努力して来た結果が、スムーズな入園に繋がった」って、そんな大層なもんなの？

人脈も何も、たかが上辺だけのママ友づき合いでしょ？

悪いけど、私はAさんBさん、トピ主さん、どちらのママさんとも親しくなりたくないな。面倒臭いし、レベル低いなあって思う。

何が問題なの??

盆踊り

幼稚園から、やんわり話をされただけなのに「何故こんなことになったのでしょうか」とは!? トピ主さんの行動が咎《とが》められたとかなら、そんな反応もわかるけど……。

Aさん、Bさんに限らず、輪に入れない人に配慮するって良いことだし、そういう話が園からあっても何にも不思議じゃないよね。他にも悩んでる人がいるかもしれないし、トピ主さんとは関係のないところに向けられた話って可能性もあるし。仲良しママグループなんて、全体的に見たら良い影響無さそうだし……。

だいたい、Aさんがそういう相談をしているところを、何度も見聞きされてるっておかしくない? 深刻な話なら、Aさんも先生も人に聞かれないようにするだろうし、特定の誰かを問題視するような内容ではなかったと考えられませんか?「引っ込み思案なのでなかなか上手くいかないです」程度だったかもしれないし。

私は主さん派ですよ。　わかめ

先生が悪いと思うよ。先生も相談されて困ったんだろうけどね。そんなことを全体に発表しちゃったら、ますますポツンさんはポツン化すると思う。

先生は役員さんにこっそり伝えれば良かったのになと思った。役員さんは「普通のママとちょっと違う立ち位置」だから、ポツンさんにも積極的に声をかけられる（役員さんが人見知りだったら、役員さんも困っちゃうかも、だけど）。

私はもう子供が大きいので「ママ世界」からはほぼ離れたけれど、幼稚園ほどママ友関係が「複雑」な時期はないと思います。あれは本当に特殊な世界。

幼稚園で役員をやっていた時は、ポツンさんにはなるべく声をかけてはいましたが、子供の男女の差もあるし、話題がないとお互い気まずい時もありました。結構、難しいことです。

トピ主です。

まりあ（トピ主）

忌憚《きたん》のない意見、ありがとうございます。ご意見、何度も読ませていただいていて、自分の中で思いが固まってきました。

やっぱり、**ポツンとしてる方は独特というか、それ相応の思考回路なんですね。**

構ってちゃんというか、なんと言うか……。こちらのポツンママさんたちは、今まで人間関係どうされてたんでしょうか？　人間関係って他力本願ですか？　他者がなにもしてくれなければ諦めて、なにもしないんですか？

つまり、自分が新しい環境に入ったときに、まわりが100％の好意で受け入れてくれないと、プライドが傷つけられた気がしてしまうのでしょう。

はっきり言わせていただきます。そこまでお膳立てしてあげないと、人と話せないような方とは、知り合いにもなりたくないですし、LINEなんて絶対嫌です。毎日顔を合わせていれば、会話が生まれる方が自然です。そこから、枝葉がのびたおつき合いが生まれることも、時間の問題だと思います。それができないのは何故なのか。人のせいにばかりしていないで、考えてみたらいかがでしょうか。

ここで私に八つ当たりしても、無意味です。

ボカして書きましたが、ちらほらご指摘があったように、AさんもBさんも子供が絡まなければお話しすることのない雰囲気の方です。上から目線と言われるでしょうが、仕方ないです。

ほっとけばいいよ　ちえ

ママ友に限らずそういう人いるよね。ほんと、めんどくさいから放置でいいと思いますよ。仲良くする努力、会話の輪に入る努力しない人に何でこちらが気を使わないといけないの？　って思います。

私は結婚を機に地元から飛行機の距離に引っ越しましたので、知り合いゼロからスタートでしたが、保育園ではママ友もでき仲良く楽しく子育てしています。私は単独行動も平気なのでポツンママでも大丈夫ではありますが、子供のためにと結構頑張りましたよ。

それを何も行動せずに、恨みつらみを先生に話す人と仲良くなんてなりたくありません。
察してタイプの人は嫌いなので、あえてスルーしますね。

どっちもどっち。

次男のよめ

ポツンママは、かまってちゃん。 トピ主さんは、誰かと群れてないとダメなタイプですね。友達の数がすべててみたいな。ボッチになりたくなくて、いつも頑張ってるんですね。

ママ友から得られる情報は確かに貴重ですが、一人で考え行動できませんか？親のママ友関係につき合わされる子供って、あまり良い子に育ちませんよ。小学生になって子供だけで遊びに行くようになると、よその家で親の愚痴をこぼす子もいるのでご近所でも噂になりますし（知らぬは本人のみ）。

モヤモヤしますよね　ミント

そんなこと幼稚園側に相談する親御さんているんですね。また、それを直球で全体に話された**先生の配慮のなさも問題**だと思います。

幼稚園側に何処まで要求するかを、そのポツンママさんが把握できなかったことが発端ですよね。きっと今頃「相談して失敗だった」と感じてるんじゃないでしょうか？

ポツンさんは事の事態がわかっているんでしょうかねぇ。普段話さないから知る術もないですよね。もしモヤモヤされてるなら、今度はトピ主さんか他の方が、先生に打ち明けてみては？　その時は、話の上手い先生を選びましょう。自分たちの子供の事でも手一杯なのだからと、放っておくのがベストかと思いますけどね。言いたい人には言わせておけ。勝手に被害妄想していなさい。ですよ。

トピ主です。

まりあ（トピ主）

レスありがとうございます。トピを立てた際、不要かと思い書かなかった点が、アドバイスをいただくにあたり大切な点だったようで、申し訳ありません。

●グループについて

グループという意識がなかったと申しましたが、マンモス園なので、お迎えのお母さんも多く、メンバーが固定しているということはまったくありません。隣り合った知り合い同士が話していて、少しずつ人数が増えますが、当然声のボリュームは最大限落としていますので、そうなると話も聞き取りにくくなり、だいたい5人くらいになると2人と3人に分かれます。8人とか10人とか、そんな人数で話すのは不可能です。

●先生からの注意について

学年の懇親会の途中で、全員に向けて、「年少ではお母さん同士の繋がりは非常に大切なので、プレで別のクラスだったり、入園で初めてお知り合いになったお母さん同士も積極的にお話ししてみてください」と言うようなことを仰っていました。が、内容とは裏腹に何となく歯切れの悪い言い方だったので、どうしたのかな、と話題に上りました。

●対応について

こちらが気がつけば、もちろんこちらからしますす。ただ、2か月たった頃、ほぼ私からしか挨拶してないな、と気づいてしまいました。

へんなの　kiki

すでに仲良い同士が毎回集まるのって当たり前ですよね。入りたいなら、それらしきアクションすればいいいし、それで感じ良ければ受け入れられるじゃないですか。

もしくは、輪に入れてない人の中から、仲良く出来そうな人見つけておつき合い開始すればいい。

こんなの、他人の行動に文句つけるまでもないこと。

ちなみに、わたしは努力してまで友達を作りたいと思わない方なので、**あえてぽつんとしております。**それでも話しかけられますよ。

人づき合いが苦手なので、特定の仲良しはいませんが、どうしても友達になりたい人が見つかったら、自分からアピールするなぁ。

トピ主支持だったけど　猫のシロ

トピ文だけ読んで、私はトピ主支持だったのですが。レスが進むにつれ、結構、攻撃的な方なんだなという印象を持ちました。「ポツンママ」「それ相応の思考回路」「構ってちゃん」という表現など、読んでいて、とても不快です。

おそらく、普段からその努力で築き上げてきたママ友との間で、そんな会話をしているのではないか、と感じます。前出の3つの表現なんて、普段から使ってなかったら、こんなポンポンと出てきません。特定の方々に対して、とても失礼な物言いをする方なんだと思います。

気が強いなあという印象と、**どんどん読み手を不快にするレスポンス**。最初はトピ主さんを応援するレスが多かったのに、トピ主さんのレスが進むにつれ、トピ主さんを批難するレスが多くなるのは、トピ主さんが読み手を攻撃しているからと気づきませんか？

掲示板なのだから、賛成意見だけ集まらないのは当たり前です。

黒すぎる　黄田

まず意味がわかりません。トピ主レスを追うごとに前レスとまったく違うことを言い出しているのもわかりません。小規模園においてグループだけで固まっているのかと思ったら、マンモス園なんですよね。

だったら「なぜ」トピ主は「私個人が責められた、否定された」と思うんですか？

AさんBさんを注視して敵視するのはなぜですか？

トピ主さんは「私が高く評価されたい、ほめられたい」と強く願っているのでしょう。そのために園からの通達にとびつき、「構ってちゃん、ポツン、察してちゃん」という【悪役】を引きずり出してきて、わざわざ「人間関係ちまちま努力してスムーズな入園につなげた私をほめて欲しい、あらゆる賛辞が欲しい。認めて欲しい」という自作自演をやっているようにしか見えません。自分が上に立つためには下にいる人が必要だもんね。

挨拶？

グループで固まって喋《しゃべ》ってる人の後ろを通る時にはそんなものしませんよ。その人たちの熱中している会話をぶった切ることになりますから。

トピ主です。 まりあ（トピ主）

うまく立ち回れない方や、あえて？　輪に入らない方もいらっしゃるのですね。一歩引いた目で意識してみると、それが良くわかりました。

わかりましたが、私にはどうしたら良いのかわかりません。子供同士が仲良しであれば、親同士も自然と仲良くなりがちですが、雰囲気の似ているママだとほっとしませんか？　何となく親しくなるママさんって、何となく似た者同士から始まりませんか？　もちろん、おつき合いする中で、タイプが違っても物凄く気が合う方もいらっしゃいますが。

気の合う人同士でお喋りしたり、ランチしたりって、やっぱり当たり前の事だと思います。毎日タイミングが合うわけではないですから、話が合う人がその場に居たら、その人のところに寄っていくのって、普通のことです。有り難いことに、そう思ってくれる方がいて寄ってきてくれれば、みんなで一緒にお喋りしましょう、となりますよね。

学生時代も、会社員時代も、私にとってはそれが当たり前だったので、出産後、新しい生活にシフトしたあと、そういう人を見つけることを、1つ目のレスで「努力」と書きました。それが必死だと思われるということも、良くわかりました。

そして、「なんでポソンさんってポツンになっちゃうのかなー」と思ってたんですが、今回、いただいた一部のレスで理解しました。

とにかく、思い込みが強すぎませんか？　ご自分の予想を真実だとして、過激なレスをされてる方が結構いらっしゃって、ちょっと精神の面が心配になりました。

特にママ友関係のトピは、そういう方々の琴線に触れてしまうんでしょうね。

ママ友、難しいですもんね。

基本的には、おつき合いしてもトラブルメーカーだったり、依存の強い方が多そうなので、余り当たらず触らずが一番なのかな、と思います。

小学生のボス猿？

桃栗三年

いろいろ差っ引いてもこのトピ主は嫌い。

濃厚な悪意があるのに正論ぶってるところが性質悪そう。あっちにもこっちにも親し気に声をかけるくせに、１人２人のママには「だってあっちからは挨拶してこないんだから」とわかるようにハブるボス子、小学校にもいたよね。

「クレーム」って言い方にもミスリードのにおいがする。そのクレームはトピ主さんに言われたものではないのにここまで過剰反応。

こういうところでいろいろわかるよね。

トピ主さんは悪くない　まい

悪くないと思うけど、なんでだろう、全然応援できない。追記、読む前までは応援できましたが。

こわい！　mio

トピ主さんを批判されてる方の中に、トピ主さんは「群れて」「グループでポツンママを見下して」「悪口を言ったり」「グループ内にいる自分に対し優越感に浸ってる」など、邪推の塊のような意見が多くてびっくりしました。妄想すぎてこわい！

ご自身の体験や、それに基づく被害妄想などからの考えかもしれませんが、それこそ視野が狭くなっていますよ。

トピ主さんのレスなどを読む限り、群れてないし見下したり悪口を言うほど相手に関心もないし、優越感に浸るも何も、ママたちと挨拶と情報交換するくらい当たり前のことだから、何とも感じてないのではないでしょうか。

なので、邪推でトピ主さんの人格否定する様なレスが多くて、トピ主さんのレスも最初ほど冷静さがないかもしれませんが、**すごく真面目で常識的なトピ主さんの人柄**が良く出てると私は感じました。

本当にトピ主反対派の方が言うような人物像の方であれば、園からの案内も他人事と思い悩むこともなく、そもそも挨拶や話しかけなどしないでしょう。

ただ、このトピを読んで、AさんやBさんのような人が意外と世の中には多いんだなと、怖くもあり勉強になりました。ここまで価値観の違う人と交流しても、両者つらくなるだけでしょうし、やはり全員と仲良くは無理な話だと再認識しました。

最後です。

まりあ（トピ主）

皆さま、レスありがとうございます。本当に本当に勉強になりました。

私を批判なさる方も、とんでもないお言葉遣いで、「こんな人がママ友じゃなくてよかった」というお言葉、そっくりそのままお返しします。

「私なら親切にします！」というレスをしつつ、群れママさんを口汚く罵《ののし》っていたり、人間の本質というか、非常に興味深かったです。

一方、どこまでも冷静なレスをくださった方たち、本当に尊敬します。私も、今回、反省すべきことがたくさん見えました。ありがとうございました。

TOPIC 5

腹立たしいです！

キラキラ

5歳の双子の男の子がいる、キラキラといいます。

うちのアパートのすぐ側に、かなり広い分譲地を購入して、有名なハウスメーカーで注文住宅を建てたママ友Aの友人Sさんがいます。ママ友Aが、**うちの息子たちをのけ者にするんでムカついてます！**

Sさんの家は、うちのアパートと変わらないいくらいの大きさで、すごい豪邸なんです！　おまけに広い庭にはブランコや滑り台、砂場とかがあって、ちょっとした公園みたいになっています。うちの息子たちがその庭で遊びたいって言ってるのに、全然遊ばせてくれないんです！

Sさんには2歳と1歳の年子の娘ちゃんがいて、ママ友Aとは学生時代からの友人だそうですが、Aの娘ちゃんとうちの息子は幼稚園で同じクラスなんですよ！幼稚園から帰って来て、Aの娘ちゃんがSさんの娘ちゃんたちと庭で楽しそうに遊んでるのを何回も見たら、うちの息子たちだって一緒に遊びたがるの当然じゃないですか！

だから、ママ友Aに私たち親子もSさんの家に招待してくれるように何度もお願いしたのに、全然声かけてくれないし、本当にムカついてます！

もう、直接Sさんにお願いした方がいいと思いますか？

無理無理無理無理　独り相撲だね

あなた、**S家とは何の繋がりもない**じゃない。S家とAさんとはご学友なんだから、一緒でもおかしくないですよね。そこに、A娘ちゃんと同じクラスだというだけで、トピ主さんの息子たちも「S家に入れろ！」なんて無理難題を押しつけちゃ駄目だよ～。

S家は女の子2人、それも2歳と1歳。A家も5歳とはいえ女の子でしょう？比較的、女の子の遊び方は穏やかなんですよ。そこへ、双子の5歳男児を2名投入？想像力のある人なら、どうなるかはわかると思いますよ。

あなたの息子たちは、同じクラスの男児と公共の公園で遊びましょうね。

その方が、あなたも気兼ねなくいられると思いますよ。

直接断られても、逆ギレしませんか？

ライオンキング

直接断られて素直に引き下がるなら、お聞きすることも良いでしょう。現在も遠回しに断られていますから、高確率で断られますが、気が済まないなら仕方ないですね。

トピ主さん、お隣がお金持ちなのは、お隣が努力したからです。豪邸がどういった経緯で手に入ったにせよ、運も実力のうち。トピ主さんとはステージが違うんですよ。

お庭が公園みたいでも、公園じゃありません。幼児がいるから、庭で安全に遊べるようにしてるのに、5歳の双子の男児とか、間違っても庭に入れたくないでしょう。公園でも一番、会いたくないタイプの子供ですから。

トピ主さんのお子さんが羨ましがるなら、しっかり諭しましょう。大きなお家に住みたかったら、今から勉強したり運動したり、頑張ってお金持ちにならなくてはいけないこと。お隣はトピ主宅とは違うのだから、遊ぶことは出来ないこと。今は公園で遊ぶしかないこと。

トピ主さんの発想が残念です。人のものを羨ましがり、使おうとしてはいけません。ボロは着てても心は錦の心意気で、キラキラを目指しましょう。

遠慮してくださる？　もぎこ

ブランコに乗りたいなら公園へ。女の子には女の子の遊びがあるのよ。

「！」を多用するようなママとは親しくしたくありません。**クレクレは嫌われますよ。**

キラキラどころが、ギラギラじゃないですか。

絶対やだ　おだまり

厚かましい親の子供は、躾《しつけ》もされてなくて乱暴者、必ずトラブルを起こすが親は謝りもしない、というのがお約束パターンです。

親が「ムカつく！」とわめこうが、子供が「遊びたい！」と地べたにひっくり返って泣こうが、知ったこっちゃありません。

直接お願いされても、お断りです。

距離感を考える　なまたまご

諦めましょう。人にはそれぞれの距離感というものがあります。同じ幼稚園や保育園であっても、相手の領域に入っていいタイミングと信頼関係があるはずです。

きちんと約束をとってお邪魔するべき。家は公園ではありません。あなたの都合で使える場所ですか？　自分の家が同じことになったらどう思いますか？

子供のしたいことを叶《かな》えたいのもわかりますが、子供は我慢できません、目の前にあることに反応してしまうものです。親として違う提案をしてあげてください。近くの公園で思いっきり楽しいことをすることはできませんか？　お母さんとこんなに楽しく遊べちゃうよ！　って気持ちを転換させてあげればいいじゃないですか。

人に依存することなく、自分が親として子を楽しませてあげることをまず考えてみてください。

想像力がないんだね　グランマクッキー

自宅の敷地にドッグランを作り、高級小型犬を遊ばせている人に、山で生け捕りにしてきた野性のイノシシ2頭を入れて「遊ばせろ」と言っているようなものですよ。

トピ主のキラキラです！

キラキラ（トピ主）

皆さん、私が非常識だとか図々しいとか、いろいろ言われてますけど、うちの子たちは幼稚園で毎回毎回、Aの娘ちゃんからSさんの家に遊びに行った報告されて、「すっごく美味《おい》しいケーキ食べたんだよ～」とか、「今度、お庭でプール遊びするの～、いいでしょ～」って言われてるんですよ！

息子たちも悲しくなるから、「やめて」ってAの娘ちゃんから逃げても、わざわざ追いかけてきて話してくるって言うんです！

これって酷くないですか？

ママ友Aは、職場の上司の奥さんです。たまたま子供が同い年で、同じ幼稚園に通っててクラスまで同じで、Aから声をかけてきてくれたんです。それに、Sさんの家に招待して欲しいってお願いしたのも、Aから「私たちがSの家に来てる時よく見てるよね。あの辺、公園とかないし、幼稚園の園庭ばかりじゃ飽きるでしょ？　今度皆で一緒に遊べるように話してあげようか？」って、子供たちの前で言ってくれたから、是非お願いしますって、親子でAに頭を下げたんです！

だから、うちの子たちも大喜びで楽しみにしてたんです！
私たち親子に期待だけさせておいて、あとは無視だなんて、酷くないですか？

子供に言い聞かせるのも、教育でしょう　るる

子供が遊びたがるのは当然として、「ここは、よそのおうちのお庭だからね。入れないのよ。公園に行きましょうね」と言い聞かせるのも親として当然のこと。**大事な教育の機会**ですよ。わけわからない非常識なことを言っていないで、お子さんにちゃんと教育してください。小さな子供だって「うん、わかった」って言いますよ。細かい意味はわかっていなくても、ここのお庭には私もママも入れないんだって、わかりますよ。

　いくら言っても聞きわけなく駄々をこねるようなら、自分の子育て方法を見直してくださいね。

レスします　あのー

遠回りして公園に行き、お子さんと過ごしましょう。児童館とかショッピングモールとか図書館とかあるよね。子供はお母さんと出かけて、お母さんがニコニコしているだけで嬉しいもんだと思いますけど。

お弁当持って、ゆで卵とマヨネーズを挟んだサンドイッチを手作りして、麦茶持って過ごすんですよ。新しい友達もそこでできるでしょう。

トピ主のキラキラです！　キラキラ（トピ主）

私のことを悪く言うのは我慢できますけど、息子たちのことまで野生のイノシシだとか、行儀の悪い子供だと決めつけてバカにするのは止めて下さい！

息子たちは切迫早産で予定日よりずっと早く産まれて、1キロもない状態で産まれたから、今でも華奢で小柄な体つきで、幼稚園でも年少さんに間違えられる事もあるんです！　Aの娘ちゃんの方が大柄で、体格はずっといいです！

それから、息子たちにはアパートの前で大声出したり走り回って騒がないように、ちゃんと言い聞かせてます！　それに体力があまりないから、皆さんが決めつけてるような、周りに迷惑をかけて大騒ぎする子供じゃありません！

それと、仕事が休みの土日には、天気がよければ朝からお弁当作ってバスに乗って、親子遠足みたいに海沿いの大きな海浜公園に行って、思い切り親子で遊んでます！

Aは職場の上司の奥さんで、私より10歳位年上だけど、「キラキラさん、良かったら仲良くしましょうね」「キラキラさん、シンママで頑張って働きながら双子ちゃん育てて偉いわ。何か困ったこととか、お手伝いできることがあれば、遠慮なく言ってね」って声をかけてくれたから、ママ友なんだ思ってました。

Aさんもわかりやすい人ですねぇ・・・　ありえる

トピを読んだ限りでは、トピ主さんだけが嫌な感じに思えたけど、追加レスまで読んだらAさんもちょっとなぁ……になりました。

トピ主さんへの印象が良くなった訳ではないので、あまり共感は出来ないけど……。

Sさんの事は諦めて、Aさんとも距離を取った方が良いのでは？　自分から誘うような事を言っておいて、いざお願いすると「え？　本気にしたの？」みたいな態度取る人っていますよね。「ああ、社交辞令だったのか」と思って、こっちがあっさり引いたら引いたでしつこく誘ってきたり。そのくせ「今度は本当かな？」と思ってこっちから話題に出すと迷惑そうに断ってきたり。

Aさんはそういうタイプなのでは？　誘う気はないけど、自慢して羨ましがられるのが好きなんじゃないのかな？

元々誘う気はないのですから、これ以上のお願いは無駄。もし一緒に遊んで自慢の友人Sさんとトピ主さんの気が合って、お友達になんてなられたら大変ですから。この先もトピ主さんがSさんと遊べる機会はないですよ。

最初から縁がなかったのですから、よそはよそと割り切って離れましょう。

もっと一言

友達の知り合いの子供を全員遊ばせてたら、Sさんの家の庭は大変なことになってしまいますよ。
ree

「友達の友達は」単なる赤の他人です。

ぷっちょ

男の子と女の子では遊び方も違います。

通りすがり

ムカついている場合ではありません。母親として、マナーや常識を身につけてください。

プール

Sさんに直接お願いしたら、近所の「要注意人物」リスト入りですよ。

独断と偏見

Aさんも打診はしたけどSさんに断られたんじゃないの？

んぺんぺ

そもそも、Aさんとはホントにママ友なの？　トピ主が一方的にそう思ってるだけなんじゃないの？

ゴータム

そんなに腹立たしい相手と遊んで楽しいですか？

harokaz

A親子が非常識で無神経なのはわかりました。でも、社交辞令を真に受けるあなたもダメだと思います。

くまーな

他人が言うこと、やることに期待を持ちすぎない方がいいと思います。

αα

Aさんは上司の奥さんとのこと。行かない方がいいです。マウンティングされますよ。

あいら

確かに酷いです　母2号

トピ主さんのレスを読んで、確かにAさん親子は酷いと思います。

でも、その言動への反応が「S邸に行くにはどうしたらいいか」となるのが理解できない。同じレベルの人間としか思えないです。

まず、羨ましそうにS邸をのぞく行為はやめさせるべきです。親子で見ているなら最悪。よそのお宅を何度ものぞくなんて下品です。

そして、嫌がらせのように自慢話をするような子供と一緒に遊びたいと思うことも理解できません。自慢話ばかりされると、子供がいじけるからやめて欲しいというならわかります。

そんな親子とつき合いたいですか？　私なら疎遠にします。

誰を呼ぼうがSの勝手　泡盛

自宅に誰を呼ぶのかは、Sに決定権があるんですよ。Aがどれだけ必死に頼んでも、Sが首を縦に振らなきゃAだってお手上げ。

あなたはAを悪者にしてますけど、普通Sの立場なら、Aから頼まれてもあなた方親子は絶対に招待する気になりません。

よちよち歩きの娘たちのそばで、5歳男児の勢いで遊ばれるのは怖いですから。

だからこそ公園でなく自宅で遊ばせられるようにしてるのでは?

Aにはどうすることも出来ません。Sさん宅に執着せずにさっさと諦めましょう。

14　トピ主のキラキラです

キラキラ（トピ主）

ここに投稿した時は、AとA娘ちゃんにムカついてたから感情のまま「!」をたくさん使ってしまいました。そういう書き方が下品だって皆さんに言われたので、ますますバカに思われたくないからやめます。
Aが Sさんに私たちも一緒に遊べるように話してあげようかって声をかけてくれたのは、5月の連休前です。最初は私も子供たちもびっくりして、当然、遠慮しました。でもAが「いいのよ、キラキラさんとこの双子ちゃんて小さいからそんなに暴れたりしないでしょう？　それにSも本当は男の子欲しがってたから一緒に行けば喜ぶわ。Sに話したらすぐに連絡するわね」って笑顔で言ってくれたんです。

だから、私も子供たちも「ありがとうございます。楽しみに待ってます」って何度もAに頭を下げてお礼を言いました。その後は、私も子供たちもAに催促とかしていません。

子供たちもずっと、「一緒に遊ぼう」って、AやA娘ちゃんから呼ばれるのを楽しみに待ってました。でも、あれ以来、AやA娘ちゃんがSさんの家に行ってるのを見かけるけど、全然声をかけてもらえないから、もう子供たちも諦めてます。

同じクラスでシンママ仲間のママ友から、昨日、すごくショックな話を聞きました。もう腹が立つ気にもならない気持ちです。

Aが幼稚園のママ友たちと、私たち親子を笑い話の種にしてバカにしてるのを聞いたそうです。私たちをSさんの家に招待してあげるという話も、笑い話にしたみたい。私たちが本気にしてずっと待ってたのを面白がって見てただけで、Sさんに話をしてくれるって言ったのもウソだったみたいです。

たまたま、その話を聞いたママ友が、めちゃくちゃ頭に来て抗議しようと思ったけど、「Aはキラキラの職場の上司の奥さんだし、キラキラが職場に居づらくなったら困るから堪えた」そうです。もう、Aに何か言われてもスルーしろって言われました。**Aはキラキラのママ友なんかじゃない、自分たちのママ友グループの笑い話にして面白がってるだけ**だって。

私はAより10歳以上年下で、頭も悪くて、地元でランクの1番低い高校卒業してるし、最初にAから声をかけてもらった時はびっくりしたけど、単純にすごく嬉しかったんです。一流大学卒で海外留学の話とか、海外旅行の話とか、いろんなすごい話を教えてくれて、すごい頭の良い人と友達になれたって、嬉しかったんです。

AがSさんに私たちのことを話してると思ってたから、直接、Sさんに「少しだけ遊ばせてください」ってお願いしてみて、ダメなら「無理言ってすみませんでした」って謝ろうと思ってたんです。でも、そんな事をしたら、ますます笑い話の種になるだけだったんですね。

1歳から娘ちゃんに英才教育してるって話を聞いた時、「キラキラさんは、塾や教室に通わせるは経済的にちょっと厳しいと思うけど、小さい時からお勉強させた方がいいから、100均とかで売ってるドリルでも双子ちゃんに買ってみるといいわよ。結構、安物でも勉強になるから」って教えてくれたんです。だから、すぐに100均に行って、子供たちとドリルとか迷路の塗り絵とかいろいろ選んだんです。

「塾ごっこしよう」って子供たちと、毎晩ひらがなとか数字のドリルをしてるってAに話したら、「お役にたてて良かったわ」って笑顔を見せてくれたのに。本当はママ友グループでバカにされてたのかな。

Aは最初から私の事をママ友だとは思ってなかったんですね。

悲しいです。

それは社交辞令　ねこまたぎ

トピ主さんのレス、読みました。上司の奥様が言われた言葉は嬉しいでしょうが、それは社交辞令です。そのくらいの気持ちはあるのよ、程度の意味です。本当に頼ったり、何でも言ってはいけません。

その奥様があなたのがんばりを認めてくれ、あからさまな意地悪や嫌味を言わないだけでも良しとしましょう。

実際、トピ主さんはもう十分頑張っているのですから、よそのお庭のことなんかで余計に腹を立てたり、傷ついたりすることはありません。息子さんたちとの生活を楽しむ方がずっといいです。

庭のことはもう忘れませんか。

親子遠足したいなあ～。　もふもふ

「キラキラさん、シンママで頑張って働きながら双子ちゃん育てて偉いわ。何か困ったこととか、お手伝いできることがあれば、遠慮なく言ってね」

世の中にはそう言いながら、陰で笑っている人って結構いるのですよ。本当に信用できる人は、普段何も言わないけど、いざとなると黙って助けてくれます。

貴女も二児の立派な母なのですから、これからは、そういうことも学ばないといけませんね。

1キロもない状態で生まれたお子さんたちを良く立派に育てましたね。お仕事がお休みの日は親子遠足されるとのことで、それで充分幸せなのではないですか？

Sさんの家って、そんなに行きたいですか？　豪邸とか美味しいケーキとかプールとか、一見スゴそうですがなんかとても虚飾の感じがします。

私は正直まったく行きたいと思いませんね。

それより、私には「お弁当作ってバスに乗って、親子遠足みたいに海沿いの大きな海浜公園に行く」方がずっとうらやましいです。私は結局、子供に恵まれなかったので。

本当の幸せって本人にはわからないのだなあ～と思ったりしています。

私は同情します　もも

みんなにひどく言われていますが、私はトピ主さんがそんなにひどい人だとは思えません。何だか裏表がない人なんだと同情します。

確かに少し暴走キャラなのかとは思いますが、まっすぐで不器用な人だと文章から思いました。

周りを気にしない強さを持ち、マイペースに頑張れば、絶対にいいことありますよ。

応援してます　頑張って

はじめまして。

レスまで全部読ませていただきました。トピ内容とはずれるかもしれませんが、伝えたいので書かせていただきます。

私は受験生を指導する塾の講師です。

最近の100均の教材はとてもよくできています。トピ主さんがやっていること、とても素晴らしいです。子供たちに大好きなママが勉強ごっことしていろいろ教えているの、必ず結果に繋がります。私自身、高額な塾に子供を通わせるより、親がイラストいっぱいの手頃な教材で教える方がいいと思って、自分の子供には100均の教材使用してます。

大丈夫、子供の将来は未知数。お子さんたちは、AさんやSさんのお子さんたちより優秀にして見返すぞ！　くらいの気持ちでいきましょうよ。

私の近くに住んでたら、双子君たちに教えてあげるのにな。

気にしないで、そのまま勉強教えてあげてください。応援してます。

トピ主のキラキラです

キラキラ（トピ主）

皆さんのレスを最初から読み返して、それから自分が投稿したトピをもう1度読み返してみました。皆さんが言うように、AやA娘ちゃんに対して苛々をぶつけただけの、本当にバカ丸出しの文章だったと思います。

ただ、私たち親子がいつもSさんの庭をじっと見ていたわけではありません。うちの子供たちがアパートの前でシャボン玉をして遊んでいた時と、プランターで育てている野菜の水やりをしていた時に、A娘ちゃんが私たちに気づいて手を振ってくれて、子供たちも手を振り返しました。その時に私もA娘ちゃんに手を振って、Aには会釈をしました。それだけです。

だけど、Aに声をかけられてからは、子供たちも期待して楽しみにしていたから、「いつも見ている不審な子供たち」と思われてもおかしくなかったんですね。

それから、私はシンママですが、離婚じゃなくて死別です。切迫早産で入院中に主人は事故で亡くなりました。

これからはAに声をかけられても、ママ友じゃなく上司の奥さんなんだと思って気をつけます。

私は厚かましくて図々しいバカな母親だけど、子供たちのために少しでも賢い母親になれるように頑張りたいです。

たくさんのレスをありがとうございました。

新築
ママ友Aさんのお友だちのSさんのお宅はなんてすてきな豪邸なの！
お庭にはブランコとか滑り台お砂場まであるんだよ
すっごく楽しかった～！
へぇ～いいわね～すごい～！
わぁー
いいなー
今度みんなで一緒に遊べるようにお話ししてあげようか？
Aさん！ほんとに!?
ぜひお願いしますっ！
いつまでたっても音沙汰なし！
カッチーン
ヒドイ！
ぼくたちいつ遊びに行っていいのー？
シーン…

TOPIC 6

駄ママ友の旦那よく言った。

ママ

いわゆる社宅のママ友に、価値観がまったく合わないAさんがいます。極力、関わらないようにしています。

社宅に入った当初は、とても親切にしていただきました。でも、一緒にいると**「マウンティング」**が多くて疲れるので私から距離を置きました。現在は、Aさんに完全無視をされています。

夫から「Aさんのご主人はとてもいい方で信頼できる人」だと聞きましたが、とても信じられませんでした。だって、あのAさんのご主人なのですから……。

それは、ショッピングセンターで起きた出来事です。

「ママさん？」とAさんに肩を叩かれました。こんなこと初めてです。Aさんの隣にはご主人がいました。

「お米買ったんですか？　どこの銘柄？　それ美味しいですか？　うちはスーパーのお米は食べないんです。味がちょっとね。ごめんなさいね、買った人に向かって」

さっそく、始まりました。

「紹介し忘れてたわ（ご主人に向かって）。こちら、ママさん。○○さんの奥様よ。いつも大変お世話になっているの。ママさんは、すごくお料理が上手なの。結婚がしたくてお料理教室で猛勉強されたんですって。ママさんお話がお上手だから、必死さが伝わってきて、思わず笑ったのを覚えてるわ。それからね、ママさんって、とても頭がいいの。Z大学を卒業されてて優秀なのよ。脳みそ分けてほしいわ。それにママさんね、お酒が大好きで昼間でも飲んじゃうらしいの。すごいよね？」

笑顔で話すAさんにご主人は……。

「感じ悪い。人を馬鹿にしたような言い方は止めなさい。妻が失礼ことを言って申し訳ないです」と、私に頭を下げました。

Aさんは「えっ？　なにそれ？　私はママさんと親しいってことを伝えたかっ

ただけなのに」と涙目に。

ご主人は「うそはいいよ。いつも悪口ばかりだろ。行くぞ！　失礼します」と立ち去りました。

ご主人、よく言ってくれました！

自爆しちゃったんですね　猫技師

そのママ友のご主人、きっと家の中だけのことだと思って我慢していたのでしょうね。でも外でも家と同じとわかって、堪忍袋の緒が切れちゃったのでしょう。どうして、ママ友のご主人はそんな人と結婚しちゃったのかな……。まぁ、年月は人を変えるとも言いますしね。

とにかくトピ主さんは悪くないですし、そのママ友夫婦が万が一離婚となっても責任を感じる必要はないですよ。

スカッと！

あこ

スカッとしました！

そういう人、本当にいるんですね。旦那さんが常識ある方で他人事ながらホッとしました。

トピ主さんお疲れさまですね。

良い人かどうかは・・・。

あらま〜こ

Aさんの言ったことに対して、叱責したAさんのご主人。一見良い人みたいだけど、私はそう思わないよ。何故って？

「いつも悪口ばかりだろう」とわざわざ言わないでしょう。普通なら。トピ主さんが「ああやっぱりね」と思ってもだよ？

悪口を言われてるって聞いて、いい気分になる人はいないでしょう。

そういわれた本人（トピ主）が「よく言ってくれました」と喜んでいるから、

いいのだけどね〜。

舌切り雀もそうだよね。　チュン

旦那さんは優しくていい人なのに奥さんはクセ者とか。またはその反対とか。昔からいますよね、そういうカップル。トピさんが関わったこの夫婦もまさにそうですね。

子供の頃から不思議に思ってました。でもまあ、日本むかし話にもそういう話ありますもんね。古代から存在するんでしょうね。

う〜ん、旦那さんやり過ぎ　きよみ

はたから見ていてスカッとする話でも、やっぱりAさんの立場がなくなるわけで。

これがビジネスシーンで上司と部下だったら、人前で叱責するのは「パワハラ」

だよね。Aさんはほめられた人物ではないけど、こういう諫《いさ》め方はナシでしょう。

よくわからないな　にゃにゃこ

そもそもなんで、自分をよく思っていない相手に、そこまで自分の情報を提供するのか？

出身大学とか、昼間から飲酒とか、そんなのネタにされるに決まってる。トピ主さんも迂闊でしたね。

最初から距離を置いたつき合いなら、こんなことにならなかったと思います。

悪口を聞かされたAさんのご主人が気の毒です。

いやいや、かなりマズいよ　noma

妻をママ友の前で泣かせるくらい恥をかかせる夫ってそうそういない。男の方が世間体気にするからね。にも関わらずやったってことは、この夫婦はかなりヤバい。

くだんのママ友は夫だけじゃなく、トピ主さんも恨むよ。「2人してよくも私に恥かかせたわね!!」とか何とか。彼女の中ではトピ主さんと夫は共犯者に脳内変換されてる。

彼女が夫を憎んで反撃したら間違いなくトピ主さんも巻き込まれる。「あの2人はデキてる。私は裏切られた（泣）」とかね。

今から他のママ友に根回しした方が良い。

レスを見て　3児の母

ご主人をほめる意見が多いですね。みんな他人事だからかな～？　嫌な人を一方的にやり込めることにこんなに賛辞が集まるとは！

でもね、テレビドラマじゃないんです。嫌な人にも逃げ道を作ってあげなきゃ。Aさんの立場ないじゃないですか。せめて、伴侶はAさんの味方じゃないと。

少なくとも、諌めるのはいいですが、Aさんを貶《おとし》める発言は必要ないですよね。

私はこんなご主人だからAさんがこうなったんでは？　と思いますね。

幸せな人いるね…　フィヨルド

本人の前で「いつも悪口ばかりだろ」なんて言わないでしょ、とレスしてる方たちって幸せなんですね。本当に嫌な人と常時一緒にいる生活なんて想像もつかないんでしょうね。

自分の妻に心底、愛想をつかしているからですよ。年がら年中悪口やら否定やら愚痴やらしかしゃべらない人っているんです。そういう人って最初は調子よくて親切そうで騙されるんですが、ちょっと気を許すと毒垂れ流し。夫なら言わざるを得ないよね。自分まで同じに思われるもんね。

あっぱれ　おりーぶ

なぜ、そんな女性と結婚したか？

そりゃ決まってるじゃないですか、**若気の至り**ってヤツですよ。口の巧さに本性が見抜けなかった。少しくらい、ん？　って思う事があっても若い男女なんてあばたもえくぼ。

本当に根性悪いって気づいた時には、もう手遅れなんですよ。子供がいれば簡単に離婚なんて出来ないし、そこを責めるのは可哀想。

人格者だから人を見る目があるとは限らない。若い時は、表面に惹かれて色気に騙されて婚姻届に判押しちゃうんでしょ。若い頃から人を見る目が養われてたら、だ〜れも苦労しませんよ。

結婚してから後悔してる人、結構たくさんいると思いますよ。

酷い相棒でも別れずに暮らしてるから似た者夫婦って決めつけるのは危険。その裏でありえない我慢や努力をされてることもお忘れなく。

トピ主です。レスありがとうございます。

ママ（トピ主）

私もご主人の「悪口ばかりだろ？」は驚きましたが、「やっぱりそうなのね」と納得もしました。

ちなみに**Aさんがご主人に話した私の私生活は、すべて事実無根の作り話です。**

大学名を何度も聞かれ、Aさんは「T大？　K大？　H大？　Z大？　Z大の時に表情変わったね。Z大なのね、うんうんわかった」と勝手に決めつけました。

訂正はしたのですが、「もう聞いちゃったもんね」と聞き入れません。

でも、おそらくAさんもZ大ではないことはわかっているんです。嫌味を込めて私を「ご優秀でらっしゃる」と祭り上げているんです。

正直申しましてAさんご夫婦がどのような関係なのか知りませんし、ご主人がAさんを庇わなかったことも私には無関係だと感じています。Aさんをビシッと叱り、謝罪出来るご主人は素晴らしいと思います。

涙目も嘘です。

Aさんの常とう手段ですし、ご主人は見抜いていたのではないでしょうか。

もっと  一言

Aさん、直りませんよ。これからも恥をかかされたとばかりに、激化するでしょうね……。

フムフム

きっとご主人もウンザリしているのでしょうね。

トートバック

トピ主さんはAさんからの逆恨みに気をつけた方が良いかも。

さち

いつも悪口ばかりの女性と結婚し、離婚しないAさんの夫にびっくりです。

のりこ

「いつも悪口ばかりだろ」って、それが一番の悪口に感じるのは私だけ？

ぷりん

夫婦の危機を感じる。

アンバー

同じ社宅のママ友Aさん
価値観合わずマウンティングもツライ…
すこし距離を置くことにしよう
あなたがそう出るなら私もあなたのこと無視よっ！
そんなある日
saleにんじん
ポンポン
ママさんじゃないの！お買い物？
どどどどうも～
（ご主人も一緒だ！）
こちらママさん〇〇さんの奥様よ！
でねっ！
ペラペラペラペラペラペラペラペラ
バカにされてもマウンティングも
今は耐えろ！
やめなさい！
カッ…
妻が失礼なことを！
ご…ご主人！

大手小町編集部

大手小町編集部は、読売新聞の女性向け掲示板「発言小町」と働く女性のための情報サイト「ＯＴＥＫＯＭＡＣＨＩ（大手小町）」を運営しています。どちらも女性のホンネが詰まっています。大手小町には、発言小町からピックアップしたニュース記事も掲載しています。名前は編集部のある東京・大手町にちなんでいます。

発言小町シリーズ

助けて！　ママ友地獄…。

2019年10月10日　第1版第1刷

編　者　大手小町編集部
発行者　後藤高志
発行所　株式会社 廣済堂出版
〒101-0052
東京都千代田区神田小川町2-3-13 M&Cビル 7F
電話 03-6703-0964（編集）　03-6703-0962（販売）
Fax 03-6703-0963（販売）
振替 00180-0-164137

印刷・製本　株式会社 廣済堂

ISBN 978-4-331-52256-1 C0095

廣済堂出版《発言小町シリーズ》
好評発売中！

『何とか結婚できないものでしょうか』

大人気掲示板サイト「発言小町」の中から、「婚活」トピを厳選しました。

「何とか結婚できないものでしょうか」「婚活で身の程を知れと言われました」「よし来た！結婚か！」など。

●大手小町編集部編 ●発行：廣済堂出版
●定価：1000円＋税